Goal Setting Journal

For Kids

This Journal Belongs To

_____

GOAL

DATE

STEPS

DONE

1
2
3
4

GOAL

DATE

STEPS

DONE

1
2
3
4

GOAL

DATE

STEPS

DONE

1
2
3
4

GOAL

DATE [   ]

STEPS   DONE

[1] -- [ ]
[2] -- [ ]
[3] -- [ ]
[4]   [ ]

GOAL

DATE [   ]

STEPS   DONE

[1] -- [ ]
[2] -- [ ]
[3] -- [ ]
[4]   [ ]

GOAL

DATE [   ]

STEPS   DONE

[1] -- [ ]
[2] -- [ ]
[3] -- [ ]
[4]   [ ]

GOAL

DATE

STEPS   DONE

1

2

3

4

GOAL

DATE

STEPS   DONE

1

2

3

4

GOAL

DATE

STEPS   DONE

1

2

3

4

GOAL

DATE

STEPS

DONE

1
2
3
4

GOAL

DATE

STEPS

DONE

1
2
3
4

GOAL

DATE

STEPS

DONE

1
2
3
4

GOAL

DATE

STEPS

DONE

1 - ☐

2 - ☐

3 _____ ☐

4 ☐

GOAL

DATE

STEPS

DONE

1 - ☐

2 - ☐

3 _____ ☐

4 ☐

GOAL

DATE

STEPS

DONE

1 - ☐

2 - ☐

3 _____ ☐

4 ☐

GOAL

DATE

STEPS

DONE

1

2

3

4

GOAL

DATE

STEPS

DONE

1

2

3

4

GOAL

DATE

STEPS

DONE

1

2

3

4

GOAL

DATE [ ]

[   ]

STEPS

DONE

1	....	[ ]
2	....	[ ]
3	....	[ ]
4	....	[ ]

GOAL

DATE [ ]

[   ]

STEPS

DONE

1	....	[ ]
2	....	[ ]
3	....	[ ]
4	....	[ ]

GOAL

DATE [ ]

[   ]

STEPS

DONE

1	....	[ ]
2	....	[ ]
3	....	[ ]
4	....	[ ]

GOAL

DATE

STEPS

DONE

1

2

3

4

GOAL

DATE

STEPS

DONE

1

2

3

4

GOAL

DATE

STEPS

DONE

1

2

3

4

GOAL

DATE [ ]

[ ]

STEPS

DONE

1 — — — — — — — — — — — — — — — — [ ]

2 — — — — — — — — — — — — — — — — [ ]

3 — — — — — — — — — — — — — — — — [ ]

4 [ ]

GOAL

DATE [ ]

[ ]

STEPS

DONE

1 — — — — — — — — — — — — — — — — [ ]

2 — — — — — — — — — — — — — — — — [ ]

3 — — — — — — — — — — — — — — — — [ ]

4 [ ]

GOAL

DATE [ ]

[ ]

STEPS

DONE

1 — — — — — — — — — — — — — — — — [ ]

2 — — — — — — — — — — — — — — — — [ ]

3 — — — — — — — — — — — — — — — — [ ]

4 [ ]

GOAL

DATE

STEPS

DONE

1
2
3
4

GOAL

DATE

STEPS

DONE

1
2
3
4

GOAL

DATE

STEPS

DONE

1
2
3
4

GOAL

DATE

STEPS

DONE

1

2

3

4

GOAL

DATE

STEPS

DONE

1

2

3

4

GOAL

DATE

STEPS

DONE

1

2

3

4

GOAL

DATE

STEPS

DONE

1

2

3

4

GOAL

DATE

STEPS

DONE

1

2

3

4

GOAL

DATE

STEPS

DONE

1

2

3

4

GOAL

DATE

STEPS

DONE

1 ....

2 ....

3 _____

4

GOAL

DATE

STEPS

DONE

1 ....

2 ....

3 _____

4

GOAL

DATE

STEPS

DONE

1 ....

2 ....

3 _____

4

GOAL

DATE

STEPS

DONE

1
2
3
4

GOAL

DATE

STEPS

DONE

1
2
3
4

GOAL

DATE

STEPS

DONE

1
2
3
4

GOAL

DATE

STEPS

DONE

1
2
3
4

GOAL

DATE

STEPS

DONE

1
2
3
4

GOAL

DATE

STEPS

DONE

1
2
3
4

GOAL

DATE

STEPS

DONE

1

2

3

4

GOAL

DATE

STEPS

DONE

1

2

3

4

GOAL

DATE

STEPS

DONE

1

2

3

4

GOAL

DATE

STEPS

DONE

1

2

3

4

GOAL

DATE

STEPS

DONE

1

2

3

4

GOAL

DATE

STEPS

DONE

1

2

3

4

GOAL

DATE

STEPS

DONE

1
2
3
4

GOAL

DATE

STEPS

DONE

1
2
3
4

GOAL

DATE

STEPS

DONE

1
2
3
4

GOAL

DATE

STEPS   DONE

1

2

3

4

GOAL

DATE

STEPS   DONE

1

2

3

4

GOAL

DATE

STEPS   DONE

1

2

3

4

GOAL

DATE [   ]

STEPS

DONE

1 _____ ☐
2 _____ ☐
3 _____ ☐
4 _____ ☐

GOAL

DATE [   ]

STEPS

DONE

1 _____ ☐
2 _____ ☐
3 _____ ☐
4 _____ ☐

GOAL

DATE [   ]

STEPS

DONE

1 _____ ☐
2 _____ ☐
3 _____ ☐
4 _____ ☐

GOAL

DATE

STEPS

DONE

1
2
3
4

GOAL

DATE

STEPS

DONE

1
2
3
4

GOAL

DATE

STEPS

DONE

1
2
3
4

GOAL

DATE

STEPS

DONE

1	- -	☐
2	- -	☐
3	———————————————————	☐
4		☐

GOAL

DATE

STEPS

DONE

1	- -	☐
2	- -	☐
3	———————————————————	☐
4		☐

GOAL

DATE

STEPS

DONE

1	- -	☐
2	- -	☐
3	———————————————————	☐
4		☐

GOAL

DATE

STEPS

DONE

1

2

3

4

GOAL

DATE

STEPS

DONE

1

2

3

4

GOAL

DATE

STEPS

DONE

1

2

3

4

GOAL

DATE

STEPS

DONE

1	☐
2	☐
3	☐
4	☐

GOAL

DATE

STEPS

DONE

1	☐
2	☐
3	☐
4	☐

GOAL

DATE

STEPS

DONE

1	☐
2	☐
3	☐
4	☐

GOAL

DATE

STEPS

DONE

1

2

3

4

GOAL

DATE

STEPS

DONE

1

2

3

4

GOAL

DATE

STEPS

DONE

1

2

3

4

GOAL

DATE

STEPS

DONE

1
2
3
4

GOAL

DATE

STEPS

DONE

1
2
3
4

GOAL

DATE

STEPS

DONE

1
2
3
4

GOAL

DATE

STEPS
DONE

1
2
3
4

GOAL

DATE

STEPS
DONE

1
2
3
4

GOAL

DATE

STEPS
DONE

1
2
3
4

GOAL

DATE

STEPS

DONE

1

2

3

4

GOAL

DATE

STEPS

DONE

1

2

3

4

GOAL

DATE

STEPS

DONE

1

2

3

4

GOAL

DATE

STEPS

DONE

1
2
3
4

GOAL

DATE

STEPS

DONE

1
2
3
4

GOAL

DATE

STEPS

DONE

1
2
3
4

GOAL

DATE

STEPS
DONE

1
2
3
4

GOAL

DATE

STEPS
DONE

1
2
3
4

GOAL

DATE

STEPS
DONE

1
2
3
4

GOAL

DATE

STEPS

DONE

1
2
3
4

GOAL

DATE

STEPS

DONE

1
2
3
4

GOAL

DATE

STEPS

DONE

1
2
3
4

GOAL

DATE

STEPS

		DONE
1		☐
2		☐
3		☐
4		☐

GOAL

DATE

STEPS

		DONE
1		☐
2		☐
3		☐
4		☐

GOAL

DATE

STEPS

		DONE
1		☐
2		☐
3		☐
4		☐

GOAL

DATE

STEPS

DONE

1
2
3
4

GOAL

DATE

STEPS

DONE

1
2
3
4

GOAL

DATE

STEPS

DONE

1
2
3
4

GOAL

DATE

STEPS

DONE

1

2

3

4

GOAL

DATE

STEPS

DONE

1

2

3

4

GOAL

DATE

STEPS

DONE

1

2

3

4

GOAL

DATE

STEPS

DONE

1 - □
2 - □
3 ─────────────────────────────────── □
4 □

GOAL

DATE

STEPS

DONE

1 - □
2 - □
3 ─────────────────────────────────── □
4 □

GOAL

DATE

STEPS

DONE

1 - □
2 - □
3 ─────────────────────────────────── □
4 □

GOAL

DATE [   ]

STEPS

DONE

1 .... ☐
2 .... ☐
3 .... ☐
4 .... ☐

GOAL

DATE [   ]

STEPS

DONE

1 .... ☐
2 .... ☐
3 .... ☐
4 .... ☐

GOAL

DATE [   ]

STEPS

DONE

1 .... ☐
2 .... ☐
3 .... ☐
4 .... ☐

GOAL

DATE [ ]

STEPS

DONE

1 _____ ☐

2 _____ ☐

3 _____ ☐

4 _____ ☐

GOAL

DATE [ ]

STEPS

DONE

1 _____ ☐

2 _____ ☐

3 _____ ☐

4 _____ ☐

GOAL

DATE [ ]

STEPS

DONE

1 _____ ☐

2 _____ ☐

3 _____ ☐

4 _____ ☐

GOAL

DATE

STEPS

DONE

1
2
3
4

GOAL

DATE

STEPS

DONE

1
2
3
4

GOAL

DATE

STEPS

DONE

1
2
3
4

GOAL

DATE

STEPS

DONE

1

2

3

4

GOAL

DATE

STEPS

DONE

1

2

3

4

GOAL

DATE

STEPS

DONE

1

2

3

4

GOAL

DATE

STEPS

DONE

1

2

3

4

GOAL

DATE

STEPS

DONE

1

2

3

4

GOAL

DATE

STEPS

DONE

1

2

3

4

GOAL

DATE

STEPS

DONE

1

2

3

4

GOAL

DATE

STEPS

DONE

1

2

3

4

GOAL

DATE

STEPS

DONE

1

2

3

4

GOAL

DATE

STEPS

DONE

1

2

3

4

GOAL

DATE

STEPS

DONE

1

2

3

4

GOAL

DATE

STEPS

DONE

1

2

3

4

GOAL

DATE

STEPS

DONE

1
2
3
4

GOAL

DATE

STEPS

DONE

1
2
3
4

GOAL

DATE

STEPS

DONE

1
2
3
4

GOAL

DATE

STEPS

DONE

1

2

3

4

GOAL

DATE

STEPS

DONE

1

2

3

4

GOAL

DATE

STEPS

DONE

1

2

3

4

GOAL

DATE

STEPS

DONE

1

2

3

4

GOAL

DATE

STEPS

DONE

1

2

3

4

GOAL

DATE

STEPS

DONE

1

2

3

4

GOAL

DATE [   ]

STEPS   DONE

1		☐
2		☐
3		☐
4		☐

GOAL

DATE [   ]

STEPS   DONE

1		☐
2		☐
3		☐
4		☐

GOAL

DATE [   ]

STEPS   DONE

1		☐
2		☐
3		☐
4		☐

Need another Goal Journal?

Visit www.blankbooksnjournals.com

Made in the USA
San Bernardino, CA
26 December 2017